AL SUR
MI CORAZÓN ESTÁ MIRANDO

www.detorreseditores.es
Calleja de los Afligidos, 2 ~ 14001 (Córdoba)
Tef. 676050542 ~ *ediciones@detorreseditores.es*

ISBN: 978-84-17070-99-1
Depósito legal: CO 407-2024

Diseño y maquetación: Detorres Editores

Ilustración de cubierta:
Id. background-2069029_1920

Primera edición: abril de 2024
Imprime: Digital La Paz ~ Impreso en España

AL SUR
MI CORAZÓN ESTÁ MIRANDO

BARTOLOMÉ DELGADO CERRILLO

Para M.ª de los Ángeles y Alegría:
a vuestro lado el mundo
se torna hermoso
y mi amor se hace poesía.

GEOGRAFÍA FÍSICA

Al sur mi corazón está mirando

Todo lo que se entrega como palpitación y vida
atina en la diana del corazón.
Antonio Gala

I

Al sur mi corazón está mirando,
lugar y sentimiento al mismo tiempo,
un viaje de ida y vuelta en pos de un sueño,
de umbría y sol feraz itinerario.

Espacio en que culminan los abrazos
furtivos de la tierra con el cielo
en soledad y en calma; campo y pueblo
en los atardeceres sonrojados.

Mirando al Sur está mi corazón
y siento que me hablan los paisajes
de su entidad inmanencial y fuerte,

de su distancia, inmensidad, pasión,
del color de sus múltiples lenguajes,
de su sahumerio de nostalgia y muerte.

II

De quejigos las grandes arboledas,
con tonos deslumbrantes de ocre y oro;
sorteando los embates del meteoro,
encinas y alcornoques en veredas.

Acebuches, silvestres rosaledas,
robles melojos, virginal tesoro;
estratos arbustivos, todo un coro
que aviva el crepitar en las cepedas.

Floreados y amarillos los racimos,
de blancos pétalos jarales llenos,
los cantuesos en tierra nazarenos.

Los montes con sus árboles opimos,
plantas y arbustos, sierra cordobesa,
plenitud vegetal en la dehesa.

III

Me gusta estar allí, junto al collado,
diseminar la vista por los cerros
hasta las sementeras y los huertos,
triscando por el río y sus meandros.

Las nubes atrapadas en la intensa
levedad que la lluvia profetiza
tintan el cielo de una luz cobriza
y cuesta adivinar la línea inmensa

que mantiene a la tierra tan propensa
al sol horizontal que canoniza
la tarde plateada, escurridiza,
del otoñado campo recompensa.

IV

El salitroso viento de levante
agita con su timbre la laguna;
los álamos temblones los acuna
con silbo melancólico y errante.

Y allí se regocija la bacante
arraigada en las entrañas de la luna,
con su dorada piel, tez de aceituna,
para encontrarse con su dios amante.

Avasalla su canto penetrante,
locura mística, sagaz tribuna
de entusiasmo, de amor, fugaz fortuna
que troca en inmortal cualquier instante.

Campiña íntima

I

Yerra en el aire un son de añoranza,
hormiguea la noche
en el retemblar de las enredaderas
y el tiempo, ligero y silencioso,
se desliza evaporándose
en las horas del conticinio.
Las adelfas se mecen como si advirtieran
la serenata noctívaga del viento.

II

Allí crecen asfódelos rosas,
con sus apretadas flores inmóviles
en un ambiente fresco y apacible.
Hay también anémonas silvestres,
rojas y azules, e incontables
matas de la acedera común.
Inmodesto y sereno,
se destaca el monte
en el párvulo cian del horizonte,
entre manchones de suelos
arcillosos, calizos, arenosos...
recién arados.

III

Pareciera un espejismo de los sentidos,
un sueño efímero que va a morir
con la luz apacible de la mañana,
como si estuviera atrapado
en la sombra del silencio cetrino.
Portador de un universo
de significados,
memoria del territorio,
multisensorialidad, arraigo...
Es el paisaje íntimo de la campiña,
templada por el primer aliento primaveral.

Symposium

Loca sabiduría del corazón, ensueño
único de onda inmensa, voz profunda
de la armoniosa tierra mía, claro
vino andaluz.
Ricardo Molina

Fluía con el sabor primigenio
del agua recién brotada del manantial,
en una geografía fecundada
por poemas y narraciones deslumbrantes,
habitada por unas gentes
a ratos parcas, a ratos locuaces.
Se afianzó en los caminos
y en las ciudades y en las villas.
Es un ser vivo
y por ello rechazaba todo límite,
como si la geografía y la historia,
en vivencia multifacética,
hubiesen parido trabajosamente
un tesoro que no admite confines,
sembrado y rebrotado,
enriquecido y trasegado
en los horizontes de una tierra remota.

Es el desenfado, la algazara colorista
y frutal que confiere a las palabras
esa alegría juglaresca de las oropéndolas

Nos reconforta, nos define,
nos viste y nos reviste.
Es memoria que permanece habitando
el hálito apacible de los campos
y conjura los malos sueños
en la travesía de la noche,
que se va vigorizando con el aire
aúlico de una grácil hetaira,
cuya cadencia irradia un efecto ascético,
como el hidromiel en el paladar
del aedo cretense que templó su lira
y comenzó a cantar
como si celebrara las evoluciones
de una danza de Ariadna.

Romancillo serrano

Bosque mediterráneo,
verdor ambarino,
floresta esclerófila,
barrancos, caminos.
Los brezos en flor,
los tonos rojizos,
trementina cándida
de los terebintos.
Los cursos fluviales
de arroyos prolíficos
alientan la tierra
de acervo arbustivo.
Vegetal cubierta,
de plantas abrigo:
madroños, labiérnagos,
enebros, lentiscos.
Las podas intensas,
pinos y eucaliptos,
arduo carboneo,
erebo infinito.
Hiedras y majuelos,
coscojas, durillos,
y fresnos y sauces
a orillas del río.
Bosques de ribera,
álamos y alisos;
los robles melojos,

mimbreras, quejigos.
Madera y bellotas
en sotos y riscos,
tróficos recursos,
ganado porcino.
La encina enardece
los suelos graníticos,
ilustran la tierra
verdores altivos.
Piedra y tradición:
presas y molinos,
apriscos y establos,
ventas y cortijos.
Iglesias y ermitas
de pétreo granito,
las rocas magmáticas
de altaneros picos.
Aldeas y pueblos
de origen antiguo
subliman la dehesa
con su hálito lírico.
Apacible Sierra,
edén sensitivo.
¿Quién quiere soñar
con este paraíso?

Paisaje con río

Del vasto espacio, abierto y misterioso,
se perfila de lejos la espesura,
cromática amalgama de colores
donde el verdor abruma.
Los barrancos se alternan con más amplios
horizontes de agraria curvatura
y, desairando las corrientes, muestran
su iniciática ruta.
Las tierras de un color ferruginoso,
salpicada de encinas la verdura
con troncos imposibles y rugosos,
realzan la fruición diurna.
En el eco del aire permanecen
vaharadas de esencias; la llanura,
ungida de esplendente amanecer,
se funde con la lluvia.
Besa el poeta las yemas de sus dedos,
zarandea en las aguas su figura
y regala al fervor de su mirada
caireladas espumas.
El olivo se rinde a la dehesa
y al monte cuando acechan las alturas;
y siempre el valle del Guadalquivir
con su luz absoluta.

Ascesis

El vetusto cenobio nos invita cada día
a imaginar un camino
que tiene su principio en el sueño de los tiempos.
Desde el abarcable horizonte
de su adscripción comarcana,
las campanas convocan abrazos
de amor entre sombras y despedidas,
prorrumpen como cuando corre un río
grande bajo la tierra yerma.
El monje poeta escribe,
contempla el eminente valle,
deambula por los magros caseríos,
imagina el tiempo
y sueña sobre los siglos
el albor de un sol timorato,
la tarde agrisada y torda,
la madrugada de primitivo candil,
modelando unos versos pletóricos
de ascetismo y humanidad
que atesoran el cromatismo
y el mensaje arrebatador
de un vitral románico.
Asomado a esta bucólica balconada,
se le vienen las emociones a la sangre
y siente cómo palpita el verso en la cuartilla
agitando su atemperado anhelo místico.

A veces me pregunto si es ahí
donde nace nuestra vocación de eternidad,
de felicidad sin ocaso, de belleza infinita.

Pareceres

Pareciera que los árboles duermen
y que el viento les arranca
ahogados lamentos
que levitan como hojas secas
entre la pureza cristalina del paisaje.

Pareciera que los árboles sueñan
aquietados por el lábil arrullo
de la brisa nocturna
y que encienden sus plateadas aureolas
como si inhalaran el arrebato de la noche.

Pareciera que los árboles velan
la oscuridad azulina de la alborada,
mientras el día despierta plácidamente
la quietud y la serenidad
sobre el oro terso del horizonte.

Y en la lozanía del amanecer
escucho ese vértigo de susurros
que enfervoriza las emociones,
el murmullo recóndito
de los nimbos escanciando
su aromado licor sobre la tierra.

Animalia

En una oquedad del monte
construye el águila real,
en su hábitat natural,
su nidal y su horizonte
sin peligro que la afronte.
Azores, buitres leonados…
planean los altos picados.
Nutrias, ginetas y gatos
monteses con sus olfatos
otean por los collados.

La culebra de escalera,
las ardillas abundantes,
los turones vigilantes
y mangostas de pradera.

El lince ibérico acecha
a liebres, gamos, conejos,
de Cardeña a Alcaracejos;
hervoroso como flecha
de carnaza se pertrecha.
El lobo volvió a su mundo
ya repoblado y fecundo;
¡Pobre cánido salvaje
condenado al vil ultraje
del acoso furibundo!

Lince y lobo son ibéricos,
esencian la serranía,
no hagamos apología
con estos seres endémicos.

Alevillas

Mariposa del aire,
¡qué hermosa eres!
Mariposa del aire
dorada y verde.
Federico García Lorca

Frontis de la primavera,
con sus vuelos rutilantes,
esplendor en la campiña,
por los montes y los valles.
Cromáticas pasajeras,
inspiración del paisaje,
belleza y fragilidad,
austeras, recias, tenaces.
Baten sus alas al viento,
locomoción zozobrante
que traza en el horizonte
piruetas consonantes.
El energético néctar,
libado polinizante,
pone en valor su existencia
efímera, inagotable.
En el climático cambio,
timidez incontrolable,
soportan las antropógenas
variables ambientales.

Amenazada la especie,
no quiero ni imaginarme
el cristal del azul huérfano
sin sus vuelos esenciales,
zigzagueantes singladuras
de mariposas vitales.

Oncejos

Se rompe el silencio en la laguna
con la llegada de los vencejos
y hasta el agua,
de por sí lánguida y callada,
canturrea feliz al sentir su presencia.
Innúmeras gotas de los transparentes jazmines
mitigan la intensidad de la rociada
templando la luz del medio ambiente.
Sobre el horizonte azafranado
la alígera soldadesca migratoria
puntea el azul elíseo
con sus alas de ballesta,
volando en grupos,
de forma ágil, inquieta,
con cientos de quiebros, planeos,
cambios de direcciones y cabriolas,
emitiendo chillidos estridentes
y llamativos.
La naturaleza no renuncia
a dejar huellas de su resurrección
por doquier,
como queriendo poner rostro al olvido
con sus leyes arbitrarias.
Es el allegro vivace
de una nueva primavera.

Patio adentro

Una superficie temblosa
cincela imágenes disímiles
en el espejo del estanque,
jaezado de nenúfares y surtidores;
allí la estructura
molecular del agua deviene
en veleidosa geometría orbicular.

El ocre de las hojas
que se abaten livianas
preside la ceremonia del patio,
como un microcosmos que vibra de amor
y hace germinar la pasión en sueños.

El argentado diorama de los nimbos
se perfila en un crepúsculo imposible,
mientras el recortado espacio
invita a capturar la vida y las emociones.

Vecindad, belleza, sentimiento,
todo se va llenando
de un equilibro verde, almagra y añil,
un misterio inusitado
que acompaña como un conjuro
y pasa, sereno y sigiloso,
entre los pliegues de un sueño
inconsciente y profundo.

Su belleza está en la belleza
de sus formas innúmeras,
en su onda de emotiva intimidad.
La adivinamos, la sentimos
en la cautelosa y solemne
armonía de los silencios vespertinos.

El patio inciensa e inflama
el corazón del mundo,
y sus latidos repercuten en el nuestro,
porque hay una esencia única
que nos une fraternalmente,
como si neutralizara
con su sedosa benevolencia,
plácida e inmutable,
nuestra pesadumbre y melancolía.

Es una contemplación plena
de místico sosiego,
que hace manar en nuestras almas
una sed insaciable de infinitud.

Filigranías del crepúsculo

Córdoba de la almena y la campana,
del silencio estancado en hornacinas,
paredes de cal muerta y gongorinas
torres a piedra y luna en filigrana.
Mario López

La luna se ha asomado
a la ribera
en este atardecer
de primavera.

El sol del horizonte
se desvanece
con su luz deslumbrante
y languidece.

Entre el cielo y la tierra
traza la línea
la cadencia lumínica
con su tez ígnea.

Los tonos suaves pintan
una paleta
de colores naranja,
rosa y violeta.

A través del ambiente
sopla la brisa

y arranca al plenilunio
una sonrisa.

Idílico esplendor
que alienta ufano
el brote emocional
del ser humano.

¡Idílico lenguaje!
La tarde sueña
sabiéndose señora,
del tiempo dueña.

La magia del ocaso,
noches y días,
garabatos del cielo,
filigranías.

Silva de callejas asonantadas

Córdoba es ciudad de callejas y plazas recónditas,
ungidas por aroma de limoneros
y silencio de siglos; callejas encaladas o doradas,
limpias, fragantes, partidas por la sombra
y el sol en violento contraste de luces.
Ricardo Molina

Prodigioso en mis ojos laberinto,
naranjos y *palmeras*,
festoneadas casas de dompedros,
alhajados jardines y *plazuelas*,
engalanados patios,
oníricas y arqueadas *callejuelas*,
donde atalayan del amor los árboles
al albur de las *rejas*.

Del rey Abderramán vergel y elíseo,
paredes de cal *muerta*,
estrechuras de armónica elegancia
de donde emergen índigas *macetas*
cargadas de perfumes,
bullendo en apacibles *plazoletas*
y en la brisa un rubor de gitanillas,
de auras *recoletas*.

Entramado de vías diminutas,
bucólicas y *estrechas*:
callejas del Romero y los Arquillos,
calleja de las Flores y la *Hoguera*,

del Guadamacilero,
del Horno de Guiral y *Pimentera*,
la del Pan y Conejo, Mucho Trigo,
de la Cruz y *Gragea*...

Baño, Toril, Soldado y Especieros,
Nacimiento, *Marquesa*,
Vinagreros, Aceite, Posadero,
Herradores, Rincones de Oro, *Peña*,
Malpensada, Linzones,
Almona de Paso, Siete *Revueltas*,
Candelaria, Apartados, Buenos Vinos,
Junio Galión, *Mancera*.

Rastrera, San Francisco, Valderrama,
Beatas, *Polichinela*,
Conde de Gavia, los Ahumadas, Ciegos,
Mascarones, Zapatería *Vieja*,
El Huerto de San Pablo...
Y las últimas cuatro: Imprenta, *Roelas*,
Costanillas y Corral del Obispo...
¡Cardinales *Callejas*!

Haykus de la vega

Tierra de sol
guerrero, suave viento,
trigal dormido.

Las sementeras
y el verdor campesino
se reconcilian.

Se arquean los tallos
esperando del cielo
calor y lluvia.

Sombras jaspeadas
cautivan los sentidos
y los impactan.

Mágico mundo,
cromática armonía
entre las flores.

Allí se citan
zorzales y azucenas
ahítos de brisa.

De geografía
intensamente humana,
maternal tierra.

Un horizonte
de nostalgia interpreta
la lejanía.

De paz venero,
carismática fuente
de luz purísima.

Trigo de amor,
espejo del paisaje,
puerta del cielo.

Un rumor tibio
de cerros vigilantes
invade el alma.

Vibra el terruño
y mi voz se atalaya
con su canción.

Aspiro el aire
ahuyentando amarguras
y soledades.

Vega y vergel
atinando en la diana
del corazón.

Mutará todo,
migrando lo bucólico
a eternidad.

GEOGRAFÍA HUMANA

Estiletes de luz

Cobra pleno sentido
la creación poética
cuando nuestra existencia
se convierte en algo mejor de lo que es,
y nos invita a hacer propias
vivencias ajenas
sublimando la alquimia
de la memoria y la evocación.

En los amplios espacios de la poesía,
cincelados a golpe de experiencia,
palpita el amor sin fronteras
por la vida y la belleza
sumido en una atmósfera
de meditación y espiritualidad.
Un vital optimismo,
audaz y sutil al mismo tiempo,
timonea bajo la sugerente emoción
del pasado y los recuerdos.

El poeta escancia
ese aroma algodonoso
del mirto y el azahar,
glosa la gramática
erudita e imaginativa,
tintada a veces con expresión
doliente y nostálgica,

poblada siempre por un gratificante
lirismo de grávida emotividad,
y percibe cómo los versos
penetran, con sus estiletes de luz,
en el universo de los sentidos.

Sabía que vendrías a hablarme

A Pablo García Baena

Es la estela de los años
la firme materia que alimenta tu palabra.
Acendrados en la resurrección del tiempo,
vienen a mí tus poemas
como un vuelo de azulinas mariposas.
Percibo que mi consciencia
se expande hacia adentro,
escucho el aire de tu voz
remansada a veces
en los tiernos declives de la memoria,
o quizás quebrada en ingrávidos fragmentos,
candorosos destellos de luz.
Y me dejas hablar como el paisaje que sueño.

Oteo el horizonte que comienza
con tus versos,
ignoto,
      puro,
           infinito…
Te espero en otro renovado amanecer,
el esplendor de la alborada retoñando,
donde todo vive y todo muere,
donde gime la tierra
y cantan los pájaros
arrobados por el bello resplandor de sus cuerpos.

Pero viene la muerte
con su tórrido clamor de rejones en el pecho,
con su grito de ponzoñosos azogues,
para escanciar
el llanto amarescente de los naranjos.
Y de nuevo se alzará la noche
desgarrando esta efímera infinitud que habitamos.

Gnosis

Una lágrima vuestra bastaría
para seguir luchando en la trinchera.
Fernando Serrano

El aedo, como los trovadores,
se escapa de los límites
de una sociedad poco apetecible.
A veces camina cerrando los ojos
para pasar inadvertido.
Las tragedias se le clavan en el alma
como una saeta de fuego y muerte,
porque el dolor y la pena oculta
le marchitan el alma.

Hay un denso olor a tierra y boscaje,
huele a río, ese perfume dulzón,
a hoja mojada, a limo y a corriente.
La oniricidad del paisaje
reverbera por las gargantas más remotas.

Solo el poeta puede percibir
la argéntea lentitud
de la superficie remansada,
y siente que por encima de su cabeza
fluye el *panta rei* de los tiempos,
el río de los siglos,
como si el cielo hubiera exhalado

un hondo suspiro de esperanza
renovada más allá de las estrellas.

Su viaje al interior de la poesía
se ha convertido en una ruta
hacia el corazón de la existencia,
donde pasado y presente acaban
enlazados en una sola filigrana.
Los sueños tienen su propia geografía:
distancia, inmensidad, silencio…

El ingenio y la intención

A Miguel del Moral

Proyectó en el dibujo su mensaje,
el primordial bagaje
de un arte contundente, extraordinario,
con ese impetuoso colorismo,
puro aliento vital,
del pintor literario.
Una meditación de gran lirismo,
con pincel libertario,
recorre su universo visionario
recreando el estilo más armónico,
más fiel y más hedónico…
Y sobre un fondo oscuro de esplendores
los cálidos colores.
El artista, rotundo y sin antojos,
pergeña en la paleta su mixtura
y devuelve al sosiego de sus ojos
arcoíris cromáticos
de pasión, de dulzura...
Admiración estética y compacta
provoca su lenguaje de las cosas,
magistral línea exacta,
primor con pinceladas rigurosas;
vivaz naturaleza,
constante estimación de la belleza.

El sueño de Karimah

Era una figura desaliñada, desorientada,
que, desertando de la patera,
salía penosamente del agua.

Los pies extenuados, exánimes,
sin vigor, transidos de tanto esfuerzo.
Las cejas arqueadas
en un gesto difícil de interpretar.
Mientras escudriñaba su piel atezada,
sus brazos abatidos,
en sus manos podía presagiarse
el latido de su corazón
furioso, luchador.
El sol acentuaba sus pómulos
con cálidos matices de color broncíneo,
encendía la amargura
de sus labios veladamente sonrosados
y se le escabullía entre el cabello corto y rizado,
pero ella solo percibía el calor
húmedo del desaliento.

Su descolorido boubou delataba
la tibia turgencia de unos senos de ébano
y el hedonista alabeo de sus formas.

Irguió la cabeza
y sus enormes ojos negros,
acechando desde una fijeza ausente,
colisionaron con los de aquellos sicofantes
que la atalayaban con tanta delectación.

Huyendo de sus raíces, de las dunas y el olvido,
del clamor sordo de la exasperación,
comprendió que a dos pasos
de la desesperanza está la vida nueva,
un tiempo para quienes aspiran
a ser dueños de su destino:
el resultado de culminar un ansia
que solo nosotros convertimos en voluntad
(la confusión se volvió luz
y el dolor esperanza).
Y se alejó impávida,
como el humo que se desvanece en el aire,
entre la inquieta arena de los médanos.

La cantaora ciega

¡Qué triste suerte la mía!
Mi canto a nadie conmueve;
yo soy como el avefría
que canta sobre la nieve.
Alfredo Arrebola

Seguidillas gitanas, carceleras...
brotaban de sus labios en torrentes
de armonía, quejíos muy potentes
de coplas, fandanguillos, peteneras.

Su reluciente voz, de mil maneras,
tenía facultades excelentes,
cantando con registros diferentes
tarantos, soleares y jaberas.

Su tono de lamento y amargura,
con punzante emoción, asaeteaba
con la altivez de una deidad rampante.

Arrebato libérrimo, ternura
infinita, su cante arrebolaba
a un público extasiado y delirante.

Atardecer en La Caleta

A mi amiga Lola Rejón

Debe de haber algo extrañamente sagrado en la sal:
está en nuestras lágrimas y en el mar.
Khalil Gibran

Se mezclaron tus cenizas con el agua de la bahía,
mientras tu alma agacelada viajaba
hasta aquellos paraísos de la memoria
de donde nunca podremos ser expulsados.

Aquella tarde había un crepúsculo
de esos que tú bien conoces.
En esas horas de calma vespertina,
en que el paisaje marinero
se tiñe de melancolía,
mi corazón se inundó de añoranza.

Sobre un fondo de tonos nacarados
vagaban los pensamientos,
buscando la quietud y el silencio.

Los recuerdos se quedaron marcados,
como las huellas de la historia,
en las hendiduras de las rocas marinas.

Me llegaba, entonces, muy próxima
la distancia de lo eterno,

el rostro sonriente de una mujer excepcional
que encaró con discreción y serenidad
la tragedia de la muerte.

La luna estaba al alcance de la mano
en aquel atardecer de La Caleta.
Una luminiscencia rosácea prendía
la armonía del universo,
esplendiendo en las ruborizadas olas.

Miraré el agua del mar
y tendré de vuelta tu aura en mis sentidos
preludiando la generosidad de tu espíritu,
insaciable eco de ternura
que llena estas silentes soledades.

24 de octubre

Y la chacha Rafaela
juguetea con sus sobrinos,
a los cuatro los abraza
como si fueran sus hijos.
Nos quiso como una madre
y como a tal la quisimos.
Fueron cachitos de cielo
lo que de ella recibimos,
por eso la recordamos
con tanto amor y cariño,
pues el tiempo no ha borrado
esos afectos tan lindos.
Feliz día de tu santo
te desean con regocijo,
desde el fervor más intenso,
aquellos cuatro diablillos:
Juanele Revolandeta,
Güiji, Canijo y Guapito.

Los árboles no saben que te amo

Los árboles no saben que te amo,
no saben que tu imagen
acecha mis pensamientos
y los embosca entre la fronda
de mis quimeras.

Los árboles no saben que te amo,
no saben que tu cuerpo
se enreda entre mis ideas
y las enhebra cual laberínticos
garabatos de fútiles devaneos.

Los árboles no saben que te amo,
no saben que eres
atmósfera cristalina,
un estambre de vida
engastado en mi corazón.

Los árboles no saben que te amo,
que eres mi nirvana
humilde y transitorio,
mas ellos me conectan contigo
y con mi ser interior,
captando mis emociones más profundas
desde el silencio de los pensamientos.

Escucho desde el corazón
a estos filósofos terrestres ancestrales;
maestros ellos de la conexión
con la naturaleza,
hablan sin palabras,
al rumor de sus hojas,
con la más mínima brisa,
y me inspiran y me susurran,
muy quedamente,
que no hay dioses en el universo,
pero tú habitas mi espacio.

Hiperestesia

Se me hace pequeño el mar
cuando navego por tu cuerpo cristalino,
cuando me inunda la transparencia de tu piel.
Se me hace pequeño el mar
en la hedonista ribera de tus formas,
en la ardiente espesura de tu ser.
Se me hace pequeño el mar
cuando alcanzo tu mundo interior
y mi alma borbotea con tu esencia
como enarbola la aurora
la luz matinal en la campiña.

El mar, paisaje en movimiento,
un escenario eterno,
con su fluir argénteo,
que te atrae como un voluble campo
de batalla de las emociones,
se me hace pequeño
cuando me asedia ese aroma
de nostalgia cumplida
que no disuelve el escozor de la amargura,
cuando ya ni las lágrimas sacian
el desaliento numinoso y abúlico.

Ese mar, imperio de la naturaleza,
que prodiga la majestuosidad
de su horizonte,

se me hace pequeño
cuando presiento la atrición
que me asedia entre las brumas
de tu ausencia.

Regalo de cumpleaños

Ama como la llovizna, que cae en silencio, casi sin hacerse notar,
pero que es capaz de desbordar ríos.
Paulo Coelho

Cada amanecer sumerjo mi alma
en la belleza del verbo amar.
La brisa embriaga todo mi ser
de sensaciones hechas de luna.
El amor es el blanco milagro de mi alegría,
en locuras de gran complicidad.
Tu amor es ternura en forma de bondad.

Soy adicto al brillo de tus ojos,
a la etérea comisura de tus labios,
al perfume aromado de tu pelo...
Al abrigo de tu voz arrulladora,
hendiendo el corazón de las pasiones
a través de las aristas de tu piel,
descubro cada día un nuevo firmamento
y vislumbro las quimeras que me hablan
desde el noble espacio de ese universo
expandido a partir de tu mirada.

Embebidos en la intimidad de los abrazos,
viajaremos hacia los confines de la existencia
en el seductor gesto de los sueños,
como dos amantes más allá del tiempo.

Retrato de chica joven

A mi hija M.ª de la Alegría Delgado Clementson

I

Es una chica jovial,
complaciente y bienhechora,
de mirada penetrante
y con voz cautivadora.
Amiga de sus amigas,
es también conciliadora,
pues a todas las escucha
con sigilo y sin demora.
De su sangre inglesa tiene
la paciencia que atesora,
de Córdoba la belleza
de una tierra que enamora.
A estudiar oposiciones
se dedica provisora
y tendrá su recompensa.
¡Pertinaz opositora!
Y le encantan los vestidos,
la ropa alegre la adora,
los abrigos y las blusas,
su parka, su cazadora.
Es una auténtica Escorpio,
inquieta y calculadora,
intimista y reservada,

perspicaz y soñadora.
Le encanta sentirse libre,
sin ambages, pensadora;
ya conoce media Europa,
nunca para, arrolladora.
Disfruta y vive el presente
y por nada se acalora;
es feliz a su manera,
afable y encantadora.

II

¡Chica joven, chica guapa!
Que la vida te sonría
con total algarabía
de tu vida en esta etapa.
Esa emoción que te atrapa
a cualquier hora del día
será tu fiel compañía
en cualquier punto del mapa.

III

De azucena es su sonrisa,
sus ojos son de avellana,
rebosa benevolencia
su tez acaramelada.
Ella es discreta, sincera,
buena gente, muy humana,
tolerante y generosa,
tiene muy grandes las alas
y un corazón todo lleno
de paz, de amor y de gracia.
Te queremos, Alegría,
nuestra hija bien amada.

IV

La esbeltez de su finura,
el coral de su semblante,
la belleza de sus sueños,
su siempre alegre carácter,
a raudales solidaria,
saber estar y donaire...
Capaz de hacer cualquier cosa
que le pongan por delante.
Es así nuestra Alegría,
retoño de nuestra sangre.

Romance nupcial

Para Mercedes y Miguel, en los días previos a su enlace

Ya se aproxima la fecha
del evento venturoso
en que os vais a convertir
en esposa y en esposo.
De septiembre el día nueve
predispuestos, muy lustrosos,
con los brazos bien abiertos,
y el corazón muy dichoso,
con vosotros estaremos
compartiendo vuestro gozo.

Dicen que felicidad
es pálpito esplendoroso.
¡Que seáis muy felices,
sed amantes jubilosos,
en vuestra gran aventura
del amor más prodigioso!

Lazos

A Mercedes y Miguel, recién casados

El amor es un destello
de plata en la armónica
claridad de la aurora,
una luminaria ferviente,
que fulgura en su cielo
como el brillo infinito de una Estrella.

Me llamas amiga y soy tu familia,
me llamas familia y soy tu amigo.

Vuestra unión es un regalo de luz
que atesoran dos corazones,
un refugio de amor y calidez
que siempre os espera
con los brazos abiertos.

Anudad vuestras voces
y vuestras manos
con los lazos invisibles
de la esperanza,
      de la tolerancia,
           de la igualdad.

Una sola energía
que acompañará cada sonrisa,

cada lágrima compartida.
¡Ha llegado el momento
de ampliar la mirada,
de empezar a tejer los sueños,
de construir vida sobre la tierra!

Cuando los lazos son de amor,
vivir es gozo.

Retazos

A mi madre

Solo el azul de sus brillantes ojos,
solo el murmullo de su piel templada,
solo el roce melifluo de sus manos,
solo su amor.

Solo el idioma de su tez serena,
solo su luz entre la densa bruma,
solo su imagen nítida entre sombras,
solo su amor.

Solo el candor de la emoción vehemente,
solo la gratitud y la querencia,
solo la inteligencia de su espíritu,
solo su amor.

Solo el son que aletea en los recuerdos,
solo la etérea y lúcida esperanza,
solo su voz embalsamando el llanto,
solo su amor.

Solo la trabazón de sus abrazos,
solo la devoción de su semblante,
solo la inmanencia de su bondad,
solo su amor.

Solo unos retazos de espacio y tiempo,
solo unos versos de ternura afable,
solo una madre singular y única,
solo su amor.

Evocación

A mi padre

Los recuerdos siguen disipando
la oscuridad de su ausencia.
Los afectos borbotean en su mirada
y los relojes ribetean el silencio.

Dejándose llevar
por el arrebato más cautivo,
mi corazón se abate en amargura,
palpita de nostalgia;
necesita recorrer su propio camino,
escuchar el dolor, la tristeza, la angustia;
necesita asumir la ausencia física del padre,
cicatrizar el duelo para poder conectar
aunque solo sea con el vacío y el miedo.

A veces, en las ingentes soledades,
se abre un espacio interior
de honda intimidad,
de recobrada camaradería,
y reanudo los hábitos
que me vinculan con su imagen.
Vive en mí como memoria emocional,
destinatario de un fervor inquebrantable,
por él elijo la vida,
elijo estar en la vida

como movimiento hacia el amor,
sea cual sea el peso anterior.

El alma necesita respirar,
morir no es desaparecer,
la filiación permanece;
solo cuando el olvido tiende
su tenebroso manto
se precipita la verdadera muerte.

Entre olivos y zarzas

A la Virgen de la Estrella en su Coronación Canónica

> *Bendita tu luz, Estrella,*
> *infinito manantial*
> *de pureza celestial,*
> *mi Diosa cándida y bella.*
> Bartolomé Delgado Cerrillo

Mi Señora de Septiembre,
te imploro con vehemencia,
pues te tengo reservadas
en mi alma una pradera,
luminarias en mis ojos,
una alfaguara en mis venas,
en mi rostro una sonrisa
y en mi ser una quimera.

Me gustas como llegaste,
alígera y recoleta.
Me gustas ensoñadora,
mesurada, aceitunera,
sencilla, jovial, amable,
jubilosa y verdadera.
Me gustas siempre presente
en mi vida y en mi tierra.
Y me gustas protectora
del ser, de la no violencia.
Y me gustas coronada
de paz, de amor, de prudencia.
Me gustas desposeída

de adornos y de impurezas.
Y me gustas despejada,
sin realces, descubierta,
imagen de la ternura,
toda bondad y belleza.

La opulencia no armoniza,
querida Virgen y Estrella.
Cuando tu Luz resplandece,
te prefiero así: discreta.

Paisaje interior

A la Virgen de la Estrella,
una mañana de septiembre
en el Humilladero...

En la quietud del monte,
impregnado de incorpóreos aromas
de arrayán y de tomillo…
runrunea el olivar.

Los álamos del valle suspiran
con el hálito de la amanecida.
Entibia el aire
la inquietud de las caléndulas.
Es la única brisa
del ya cercano otoño,
con sus colores cambiantes
y el lento rendirse de las hojas
en la rociada tibieza
de una mañana de septiembre.

La maitinada levanta un aura sedosa,
como si los árboles, en la distancia,
estuvieran respirando
la luminiscencia de una Estrella
entre los argentados
destellos del horizonte.

Mi querida Señora de la Estrella,
quiero perderme en la pureza
cristalina del paisaje de tus ojos,
en su mar cálido,
y aspirar profundamente la templanza
vivificante de tu mirada
en una agradable conmoción de sensaciones.

Acéptame, oh Señora,
entre tus esmerados
brazos aquiescentes,
y déjame sentir con ellos
tu aterciopelada presencia
en el azul inocente de la mañana.
Al cerrar los ojos,
percibo la fragancia
de tu aliento divino,
como un airecillo mañanero
con turgencias afrutadas.
Y alcanzo el tacto amable
de las agrestes flores nuevas…
Y te doy las gracias
porque has venido a mi alma.

¡Oh, mi entrañable diosa!
Dulzor meloso,
límpido regato,
mi celestial refugio,
mi eterno oasis,
Tú, ponderada Estrella.

Acción de gracias (7 de septiembre)

Un renovado esplendor
está llamando a la puerta:
desde su ermita ya baja
coronada y bien dispuesta.
Su infinita voluntad
nos ofrece complacencia,
y su pueblo la recibe
con la emoción más abierta,
exultante de alegría,
entre aromas de azucenas.

Sé muy bien por qué en Ti creo:
siempre tengo la certeza
de que tus ojos balsámicos,
horadando las conciencias,
traspasan los corazones
y generan vida nueva.

Flor de toda santidad,
Madre llena de pureza,
panacea de mis heridas,
sedativo de mis penas,
consuelo en las aflicciones,
de mis súplicas respuesta,
regocijo del espíritu,
solaz de naturaleza,
fuente de luz purísima,

de amor y benevolencia,
la seducción y el triunfo
de la paz sobre la tierra,
del pan de vida altar vivo,
bienaventuranza inmensa...
De tu ubérrimo hontanar
brotan todas mis creencias.

¡Oh, mi Virgen Capitana,
mi Señal de Referencia!
¡Oh, mi Reina de Septiembre,
mi Señora de la Estrella!

Haykus de Orabuena

Ufana y libre
se desliza la pluma
por el papel.

La opaca bruma
del tiempo se perfila
entre mis ojos.

Amaneceres
de mi soñada infancia,
el alma habitan.

Como la espuma
se van desvaneciendo
entre la brisa.

La chiquillada,
colegiales bribones,
y la inocencia.

Gratos recuerdos,
ilusión desmedida
sin camuflajes.

Cual estandarte,
despliego la memoria
de mi puericia.

Por las mañanas
marchan los jornaleros
al olivar.

Vuelan gorriones,
recuerdo una arboleda
de sensaciones.

Si miro el río
al final del verano,
mi imagen tiembla.

Cerca del agua
está mi corazón
y mi albedrío.

Entre los árboles
sobrevive la tarde,
olor a hierba.

Se pone el sol,
vagabundean las nubes,
vuelan cigüeñas.

Triunfa la noche,
camino de las sombras
oasis de lunas.

Es Orabuena
candor, quietud, niñez...
aprendizajes.

ÍNDICE

AL SUR MI CORAZÓN ESTÁ MIRANDO

GEOGRAFÍA FÍSICA

GEOGRAFÍA HUMANA

AL SUR MI CORAZÓN ESTÁ MIRANDO
DE
BARTOLOMÉ DELGADO CERRILLO
VIO LA LUZ
EN ABRIL DE 2024
EN CÓRDOBA

Porque así lo siento... así lo escribo